LA ANTÁRTIDA

Alexis Roumanis

www.av2books.com

SPANISH & ENGLISH eBOOKS
AV² ADDED VALUE • AUDIO VISUAL
BY WEIGL™

Visita nuestro sitio www.av2books.com
e ingresa el código único del libro.
Go to www.av2books.com, and enter this
book's unique code.

CÓDIGO DEL LIBRO
BOOK CODE

K497829

AV² de Weigl te ofrece enriquecidos libros
electrónicos que favorecen el aprendizaje activo.
AV² by Weigl brings you media enhanced books that
support active learning.

El enriquecido libro electrónico AV² te ofrece una experiencia bilingüe completa entre el inglés y el español para aprender el vocabulario de los dos idiomas.

This AV² media enhanced book gives you a fully bilingual experience between English and Spanish to learn the vocabulary of both languages.

Explorando los continentes
LA ANTÁRTIDA

Exploring Continents
ANTARCTICA

Spanish   **English**

Navegación bilingüe AV²
AV² Bilingual Navigation

CHANGE LANGUAGE
ENGLISH SPANISH
OPCIÓN DE IDIOMA
LANGUAGE TOGGLE

CAMBIAR LA PÁGINA
PAGE TURNING
BACK NEXT

CERRAR
CLOSE

INICIO
HOME

VISTA PRELIMINAR
PAGE PREVIEW

LA ANTÁRTIDA

ÍNDICE

**Bienvenidos a la Antártida.
Es el tercer continente más pequeño.**

Esta es la forma
de la Antártida.
Todos los demás
continentes están
al norte de la Antártida.

¿Dónde está la Antártida?

Océano
Ártico

Océano Ártico

América
del Norte

Europa

Asia

Océano
Pacífico

Océano
Atlántico

África

Océano
Pacífico

América
del Sur

Océano
Índico

Australia

N

O   E

S

Océano Antártico

ANTÁRTIDA

Solo un océano baña la
costa de la Antártida.

La Antártida está formada por muchos tipos de terrenos diferentes.
En la Antártida se pueden encontrar desiertos, montañas y llanuras.

La Antártida es el desierto polar más grande de la Tierra.

El monte Erebus es el volcán más activo de la Antártida.

Casi toda la Antártida está cubierta de hielo.

El macizo Vinson es
la montaña más alta
de la Antártida.

La barrera de hielo Ross es
el campo de hielo flotante
más grande del mundo.

Los albatros errantes tienen la envergadura de ala más grande de todas las aves.

El pingüino juanito es un nadador muy veloz.

Los elefantes marinos pueden permanecer bajo el agua hasta por dos horas.

En la Antártida viven animales únicos en el mundo. Muchos de estos animales viven en las aguas que rodean a la Antártida.

Las orcas pueden vivir cerca de 80 años.

El pingüino emperador es el pingüino más grande del mundo.

En la Antártida viven diferentes tipos de plantas. Hace demasiado frío en la Antártida para que crezcan árboles.

El musgo es el tipo de planta terrestre más grande de la Antártida.

El liquen crece unas 0.4 pulgadas (1 centímetro) cada 100 años.

Las algas rojas pueden crecer en la nieve o el hielo de la Antártida.

En las aguas que rodean a la Antártida crecen algas.

El pasto solo crece en algunas partes de la Antártida.

Mucha gente ha explorado la Antártida. La primera expedición a la Antártida fue en 1821.

No hay países en la Antártida.

La gente que trabaja en la Antártida debe tener habilidades especiales. Utilizan sus habilidades para aprender más sobre la Antártida.

Los fotógrafos toman fotos de la tierra y los animales.

Los astrónomos tienen una excelente vista de las estrellas desde la Antártida.

Los biólogos marinos estudian los animales y plantas del Océano Antártico.
Los glaciólogos estudian el hielo y la nieve de la Antártida.

Alrededor de 4.400 personas trabajan en la Antártida en verano. La mayoría solo vive allí por poco tiempo.

El campo de trabajo más grande de la Antártida es la Estación McMurdo.

Hay muchas cosas que solo se pueden encontrar en la Antártida. Llega gente de todas partes del mundo a visitar este continente.

Hay menos de 200 personas que pasan todo el año en el Polo Sur.

Se puede ir de campamento en la Antártida.

La gente visita la Antártida para ver a los pingüinos.

Los turistas pueden tomar un crucero para ver la Antártida.

Los viajes en helicóptero son una forma popular de ver la Antártida desde el aire.

Cuestionario sobre la Antártida

Descubre cuánto has aprendido sobre el continente antártico.

¿Qué te dicen estas imágenes sobre la Antártida?

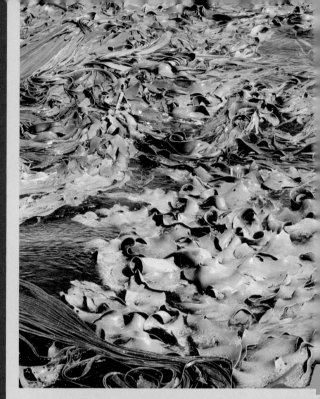

¡Visita www.av2books.com para disfrutar de tu libro interactivo de inglés y español!

Check out www.av2books.com for your interactive English and Spanish ebook!

1 **Entra en www.av2books.com**
Go to www.av2books.com

2 **Ingresa tu código**
Enter book code

K 4 9 7 8 2 9

3 **¡Alimenta tu imaginación en línea!**
Fuel your imagination online!

www.av2books.com

Published by AV² by Weigl
350 5th Avenue, 59th Floor New York, NY 10118
Website: www.av2books.com

Library of Congress Control Number: 2015954028

ISBN 978-1-4896-4275-2 (hardcover)
ISBN 978-1-4896-4276-9 (single-user eBook)
ISBN 978-1-4896-4277-6 (multi-user eBook)

Printed in the United States of America in Brainerd, Minnesota
1 2 3 4 5 6 7 8 9 0 19 18 17 16 15

112015
101515

Project Coordinator: Jared Siemens
Spanish Editor: Translation Cloud LLC
Designer: Mandy Christiansen